INSTRUCTIONS

POUR LE CLASSEMENT DE LA

COLLECTION OFFICIELLE DES LOIS

DÉCRETS, ORDONNANCES, etc.

RENDUS DEPUIS L'AN 420 JUSQU'AU 1er JANVIER 1868,

PAR

Georges-Paul DREVELLE,

EMPLOYÉ-RÉDACTEUR ET CONSERVATEUR DE LA BIBLIOTHÈQUE ADMINISTRATIVE
DE LA PRÉFECTURE DES VOSGES.

———

Ces instructions sont précédées d'indications sur les CODES FRANÇAIS *et sur les*
TABLES GÉNÉRALES ET DÉCENNALES *qui ont été publiées pour faciliter les recherches.*
Elles se terminent :

1º PAR UN TABLEAU INDIQUANT LA MANIÈRE ADOPTÉE PAR L'IMPRIMERIE IMPÉRIALE POUR
LE CLASSEMENT DU BULLETIN DES LOIS ;

2º PAR UN MODÈLE D'INSCRIPTION POUR LES DOCUMENTS LÉGISLATIFS, SUR LES
CATALOGUES DES BIBLIOTHÈQUES DES PRÉFECTURES,
SOUS-PRÉFECTURES ET SUR LES INVENTAIRES DES ARCHIVES DES MAIRIES.

———

PARIS

IMPRIMERIE ADMINISTRATIVE DE PAUL DUPONT,
RUE J.-J.-ROUSSEAU, 41 (HÔTEL DES FERMES).

1868

INSTRUCTIONS

POUR LE CLASSEMENT DE LA

COLLECTION OFFICIELLE DES LOIS

DÉCRETS, ORDONNANCES, etc.

RENDUS DEPUIS L'AN 420 JUSQU'AU 1er JANVIER 1868,

PAR

Georges-Paul DREVELLE,

EMPLOYÉ-RÉDACTEUR ET CONSERVATEUR DE LA BIBLIOTHÈQUE ADMINISTRATIVE
DE LA PRÉFECTURE DES VOSGES.

Ces instructions sont précédées d'indications sur les CODES FRANÇAIS *et sur les*
TABLES GÉNÉRALES ET DECENNALES *qui ont été publiées pour faciliter les recherches.*
Elles se terminent :

1° PAR UN TABLEAU INDICANT LA MANIÈRE ADOPTÉE PAR L'IMPRIMERIE IMPÉRIALE POUR
LE CLASSEMENT DU BULLETIN DES LOIS;

2° PAR UN MODÈLE D'INSCRIPTION POUR LES DOCUMENTS LÉGISLATIFS, SUR LES
CATALOGUES DES BIBLIOTHÈQUES DES PRÉFECTURES,
SOUS-PRÉFECTURES ET SUR LES INVENTAIRES DES ARCHIVES DES MAIRIES.

PARIS

IMPRIMERIE ADMINISTRATIVE DE PAUL DUPONT

RUE J.-J.-ROUSSEAU, 41, (HÔTEL DES FERMES).

1868

Lettre adressée par S. EXC. LE MINISTRE DE L'INTÉRIEUR à M. le marquis de Fleury, Préfet des Vosges, sur cet ouvrage :

Paris, le 15 décembre 1865.

M. le Préfet, vous m'avez communiqué les instructions rédigées par les soins de M. Drevelle, employé à la préfecture, et qui ont pour objet de faciliter le classement du *Bulletin des Lois*.

Ce travail me paraît pouvoir être consulté utilement. Il y aurait donc avantage à ce qu'il fût publié et distribué aux administrations publiques.

Agréez, etc.

Pour le Ministre de l'intérieur et par autorisation :

Le Conseiller d'Etat, Secrétaire général,

Signé: DE BOSREDON.

NOTA. — Nous avertissons MM. les Administrateurs qu'outre les *Instructions sur le classement de la collection officielle des Lois, Décrets, Ordonnances, etc.*; nous avons publié les *six tables chronologiques de la première série du Bulletin des Lois* et que ce travail a été honoré de l'approbation de S. Exc. le *Ministre de l'intérieur*. Non seulement ces documents qui n'existent ni à l'Imprimerie Impériale ni ailleurs, sont d'une utilité incontestable, mais ils présentent aussi un intérêt évident en ce qu'ils permettent de suivre les transformations successives de la politique, des mœurs et de l'opinion, par la seule inspection des titres de lois. Pour faciliter aux fonctionnaires publics l'expédition des affaires qui leur sont confiées et les recherches que ces travaux rendent constamment nécessaires, nous avons inscrit sur ces six tables chronologiques les dates grégoriennes en regard des dates républicaines.

En vente chez l'auteur. — Prix : 3 francs.

INSTRUCTIONS

POUR LE CLASSEMENT DE LA

COLLECTION OFFICIELLE DES LOIS

DÉCRETS, ORDONNANCES, ETC.

Rendus depuis l'an 420, jusqu'au 1er Janvier 1868.

———⊶⊷———

La loi voulant que chaque commune possède la collection complète des lois, *l'Administration supérieure* a plusieurs fois témoigné de l'intérêt qu'elle prenait à l'exécution de cette mesure. Cependant l'inventaire des archives communales, prescrit par plusieurs circulaires ministérielles, a démontré que la plupart de ces collections étaient incomplètes par le manque d'un grand nombre de n°s. Il en serait longtemps ainsi, parce que d'une part on rencontre des difficultés dans le classement des lois, et qu'ensuite, faute d'instructions, on ne peut se rendre un compte exact des n°s et des volumes qui manquent dans la collection de ces bulletins.

Frappé de ces inconvénients, nous avons pensé devoir publier cette brochure. A l'aide de ce document, il sera facile de reconnaître les lacunes que les collections de lois peuvent présenter, d'exercer une surveillance éclairée sur cette partie du service et d'éviter la confusion dans le classement des volumes de ce recueil important.

L'étude de la législation comprend :

1° LES ANCIENNES LOIS FRANÇAISES

Depuis l'an 420 jusqu'à la révolution de 1789. Cette collection contient la notice des principaux monuments des Mérovingiens, des Carlovingiens et des Capétiens, et le texte des ordonnances, édits, déclarations, lettres-patentes, règlements, arrêts du Conseil etc., de la 3ᵉ race qui ne sont pas abrogés ou qui peuvent servir, soit à l'interprétation, soit à l'histoire du droit public et privé, avec notes de concordance, table chronologique et table générale analytique et alphabétique des matières ; par MM. Jourdan-Decrusy, Isambert et Taillandier, avocats. Ce recueil forme 30 volumes. — En vente chez l'auteur.

2° LA LÉGISLATION INTERMÉDIAIRE.

Cette collection dite *collection du Louvre*, comprend les lois, proclamations, instructions et autres actes du pouvoir exécutif, publiés dans l'Assemblée nationale constituante et législative depuis la convocation des États-généraux jusqu'au 18 prairial de l'an II (6 juin 1794) et forme 23 volumes. — En vente chez l'auteur.

Il existe la même collection abrégée qui ne forme plus que 8 volumes.

3° LA LÉGISLATION NOUVELLE.

Celle-ci comprend toutes les lois et ordonnances, depuis le 21 prairial an II (9 juin 1794) jusqu'au 1ᵉʳ janvier 1868. Elle se divise en deux parties : 1° la partie principale forme 167 volumes, y compris les codes appartenant aux 4ᵉ, 7ᵉ et 9ᵉ séries. 2° La partie supplémentaire qui commence seulement à la 9ᵉ série, forme 73 volumes.

J'ai cru devoir faire précéder mon travail d'un tableau contenant des notes sur les codes et sur les tables générale et décennales, et le terminer : 1° par un tableau indiquant la manière adoptée par l'Imprimerie Impériale pour le classement dans les bibliothèques administratives, des volumes du Bulletin des lois, et 2° par un modèle d'inscription pour les documents législatifs sur les catalogues des bibliothèques administratives ou sur l'inventaire des archives des mairies.

NOTES

sur

LES CODES FRANCAIS

INDICATION DES CODES.	NUMÉROS des bulletins.	OBSERVATIONS.

4e SÉRIE. — **EMPIRE.**

Code de procédure civile	Nº 96	Ce bulletin contient les quatre premiers livres de la 1re partie du Code.
	Nº 97	Ce bulletin contient le 5e livre de la 1re partie et les trois livres de la 2e partie du Code.
Tarif des frais et dépens	Nº 138	
Code Napoléon	Nº 154 *bis*	
Table du Code Napoléon	»	
Code de commerce	Nº 164	
Code d'instruction criminelle	Nº 214 *bis*	
Code pénal	Nº 277 *bis*	

7e SÉRIE. — **LOUIS XVIII.**

Code civil	Titre. Nº 109 *bis* Table.	
Code de procédure civile	Titre. Nº 110 *bis* Table. Tarif des frais.	
Code de commerce	Titre. Nº 111 *bis* Table.	
Code d'instruction criminelle	Titre. Nº 112 *bis* Table.	
Code pénal	Titre. Nº 113 *bis* Table.	

INDICATION DES CODES.	NUMÉROS des bulletins.	OBSERVATIONS.
9ᵉ SÉRIE. — ORDONNANCES. — LOUIS-PHILIPPE.		
Code civil	. . . .	Ce Code n'a pas été réimprimé; on se sert de l'édition de 1816 (n° 109 *bis* de la 7ᵉ série).
Code d'instruction criminelle	Titre. N° 150 Table.	
Code pénal	Titre. N° 151 Table.	
Code de commerce	Titre. N° 788 Table.	
Code de procédure civile	Titre. N° 948 Table.	Le tarif des frais et dépens n'a pas été réimprimé; on se sert de celui annexé au n° 110 *bis* de la 7ᵉ série.

TABLES GÉNÉRALE ET DÉCENNALES.

DÉSIGNATION DES TABLES.	ANNÉES.	NOMBRE de VOLUMES.	OBSERVATIONS.
TABLE GÉNÉRALE	De 1789 à 1814	4	
TABLE DÉCENNALE.	De 1814 à 1823	1	Ce volume se divise en deux parties qui ne peuvent être vendues séparément.
IDEM.	De 1824 à 1833	1	
IDEM.	De 1834 à 1843	1	
IDEM.	De 1844 à 1853	1	
IDEM.	De 1854 à 1863	2	Ces volumes se vendent séparément.

NOTA. — Ces tables doivent être placées à la fin de la collection du *Bulletin des lois*.

RECUEIL GÉNÉRAL

DES

ANCIENNES LOIS FRANÇAISES

DEPUIS L'AN 420

JUSQU'A LA RÉVOLUTION DE 1789.

GOUVERNEMENTS.

Pharamond, Clodion, Mérovée, Childéric Ier, Clovis, Childebert Ier, Clotaire Ier, Caribert, Chilpéric Ier, Clotaire II, Dagobert Ier, Clovis II, Clotaire III, Childéric II, Thierri Ier, Clovis III, Childebert II, Dagobert II, Chilpéric II, Thierri IV, Childéric III, Pépin le Bref, Charlemagne, Louis Ier, Charles le Chauve, Louis II, Louis III et Carloman, Charles le Gros, Eudes, Charles le Simple, Raoul, Louis IV, Lothaire, Louis V, Hugues Capet, Robert, Henri Ier, Philippe Ier, Louis VI, Louis VII, Philippe II, et Louis VIII. . . . .

Louis IX, Philippe III et Philippe IV . . . .

Philippe IV, Louis X, Philippe V et Charles IV . . . .

Charles IV, Philippe VI et Jean II. . . . .

Jean II et Charles V. . . . .

Charles VI . . . .

Charles VI et Charles VII . . . .

Charles VII. . . . .

Louis XI . . . .

Charles VIII et Louis XII . . . .

Louis XII et François Ier . . . .

François Ier . . . .

François Ier et Henri II . . . .

DATES DES LOIS.	TOMES de la COLLECTION.	OBSERVATIONS.
De 420 à 1270.	Ier.	
De 1270 à 1308.	II.	
De 1308 à 1327.	III.	
De 1327 à 1357.	IV.	
De 1357 à 1380.	V.	
De 1380 à 1400.	VI.	
De 1401 à 1413.	VII.	
De 1414 à 1437.	VIII.	
De 1438 à 1461.	IX.	
De 1461 à 1483.	X.	
De 1483 à 1514.	XI.	
De 1514 à 1528.	XII.	
De 1528 à 1546.	XIII.	
De 1546 à 1559.	XIV.	

GOUVERNEMENTS.

DATES DES LOIS.	TOMES de la COLLECTION.	OBSERVATIONS.
De juillet 1559 à mai 1589.	XV.	
D'août 1589 à mai 1610.	XVI.	
De mai 1610 à mai 1643.	XVII.	
Du 14 mai 1643 au 19 août 1661.	XVIII.	
D'août 1661 au 31 décembre 1671.	XIX.	
De janvier 1672 à mai 1686.	XX.	
De juin 1687 au 1er septembre 1715.	XXI.	
Du 1er septembre 1715 au 1er janvier 1737.	XXII.	
Du 1er janvier 1737 au 10 mai 1774.	XXIII.	
Du 10 mai 1774 au 20 mai 1776.	XXIV.	
Du 20 mai 1776 au 10 mai 1777.	XXV.	
Du 10 mai 1777 au 31 décembre 1778.	XXVI.	
Du 31 décembre 1778 au 3 mars 1781.	XXVII.	
Du 3 mars 1781 au 1er janvier 1785.	XXVIII.	
Du 1er janvier 1785 au 5 mai 1789.	XXIX.	
»	XXX.	

[illegible]	[illegible]	OBSERVATIONS
[illegible]	[illegible]	
[illegible]	[illegible]	
[illegible]	[illegible]	
[illegible]	[illegible]	
[illegible]	[illegible]	
[illegible]	[illegible]	
[illegible]	[illegible]	
[illegible]	[illegible]	
[illegible]	[illegible]	
[illegible]	[illegible]	
[illegible]	[illegible]	
[illegible]	[illegible]	
[illegible]	[illegible]	
[illegible]	[illegible]	

COLLECTION

DITE

COLLECTION DU LOUVRE

COMPRENANT

LES LOIS, PROCLAMATIONS, etc.

Depuis la convocation des Etats-Généraux jusqu'au 18 prairial, an II
(6 juin 1794).

Législation

*Collection générale des lois, proclamations, instructions et autres actes
et législative, depuis la convocation des États-*

GOUVERNEMENT.	TOMES de la COLLEC-TION.	TOMES de la 1re PARTIE	2e PARTIE	DES LOIS.
	1	1	»	Du 5 juillet 1788 au 30 mars 1790.
	2	»	1	Du 1er avril au 31 août 1790.
	3	2	»	Du 1er septembre au 28 novembre 1790.
	4	»	2	Du 1er décembre au 29 décembre 1790.
	5	3	»	Du 1er janvier au 27 février 1791.
	6	»	3	Du 2 mars au 30 mars 1791.
	7	4	»	Du 1er avril au 29 mai 1791.
	8	»	4	Du 1er juin au 29 juin 1791.
	9	5	»	Du 4 juillet au 31 juillet 1791.
RÈGNE DE LOUIS XVI.	10	»	5	Du 1er août au 29 septembre 1791.
	11	6	»	Du 2 octobre au 27 novembre 1791.
	12	7	6	Du 2 décembre au 30 décembre 1791 et du 16 janvier 1790 au 13 novembre 1791 pour le supplément.
	13	8	»	Du 1er janvier au 29 avril 1792.
	14	9	»	Du 1er mai au 31 juillet 1792.
	15	10	»	Du 1er août au 31 août 1792.
ASSEMBLÉE NATIONALE	16	11	»	Du 1er septembre au 30 septembre 1792.
	17	12	»	»
	18	13	»	»
CONVENTION NATIONALE.	19	14	»	»
	20	15	»	»
	21	16	»	»
	22	17	»	»
	23	18	»	»

depuis 1789.

*du pouvoir exécutif, publiés pendant l'Assemblée nationale constituante
Généraux jusqu'au 18 prairial de l'an II.*

DATES DES DÉCRETS.	DU SCEAU.	TABLES CHRONO-LOGIQUES.	GÉNÉRALES et alphabétiques.	OBSERVATIONS.
Du 9 août 1789 au 21 mars 1790.	»	1	»	Il doit exister dans les archives communales un grand nombre de feuilles dépareillées appartenant à cette collection. Pour les mettre dans un ordre convenable et faciliter les recherches, on doit les classer par ordre de date et non suivre la nomenclature des nos qui sont, pour la plupart, erronés. Il serait bon d'inscrire au crayon, en tête de chaque feuille, la date insérée au milieu de la première page de chaque bulletin.
Du 19 avril au 31 août 1790,	»	1	»	
Du 15 août au 21 novembre 1790.	»	1	»	
Du 17 novembre au 1er décembre 1790.	»	1	»	
Du 27 décembre 1790 au 9 février 1791.	»	1	»	
Du 24 février au 25 mars 1791.	»	1	»	
Du 28 mars au 28 mai 1791.	»	1	»	
Du 29 mai au 28 juin 1791.	»	1	»	
Du 3 juillet au 30 juillet 1791.	»	1	»	
Du 26 juillet au 21 septembre 1791.	»	1	»	
Du 29 septembre au 26 novembre 1791.	»	1	»	
Du 12 novembre au 4 décembre 1791 et du 28 février 1790 au 27 décembre 1791 pour le supplément.	»	1	1	
Du 24 décembre 1791 au 26 avril 1792.	»	1	»	
Du 30 avril au 28 juillet 1792.	»	1	»	
»	Du 28 juillet au 15 novembre 1792.	1	»	
»	Du 1er septembre au 5 octobre 1792.	1	»	
Du 1er octobre au 31 décembre 1792 et du 23 mai au 25 novembre 1792 pour le supplément.	Du 3 octobre 1792 au 2 janvier 1793 et du 21 août 1792 au 24 mai 1793 pour le supplément.	1	1	
Du 1er janvier au 31 mars 1793.	Du 2 janvier au 3 avril 1793.	1	»	
Du 1er avril au 30 juin 1793.	Du 1er avril au 4 juillet 1793.	1	»	
Du 1er juillet au 20 septembre 1793.	Du 2 juillet au 4 octobre 1793.	1	»	
Du 21 septembre 1793 au 30 frimaire an II.	Du 22 septembre 1793 au 30 frimaire an II.	1	»	
Du 1er nivôse au 16 pluviôse an 2.	Du 12 pluviôse au 23 germinal an II.	1	»	
Du 14 mars 1793 au 17 prairial an II.	Du 3 octobre 1793 au 25 prairial	1	2	

BULLETIN DES LOIS

Depuis le 21 prairial, an **II** (9 juin 1794), jusqu'au
1er janvier 1868.

GOUVERNEMENT.	TOMES de la COLLECTION.	SÉRIE.	NUMÉROS contenus dans chaque SÉRIE.	N°s BIS, TER ET QUATER contenus dans chaque SÉRIE.
1re SÉRIE. — CONVENTION.	1	1	de 1 à 61	
	2	2	de 62 à 100	
	3	3	de 101 à 130	
	4	4	de 131 à 156	
	5	5	de 157 à 179	
	6	6	de 180 à 205	
2e SÉRIE. — DIRECTOIRE.	7	1	de 1 à 34	
	8	2	de 35 à 78	
	9	3	de 79 à 114 bis	114 bis.
	10	4	de 115 à 147	
	11	5	de 148 à 191	
	12	6	de 192 à 227	
	13	7	de 228 à 268	
	14	8	de 269 à 312	
	15	9	de 313 à 345	
3e SÉRIE. — CONSULAT.	16	1	de 1 à 45	
	17	2	de 46 à 76	
	18	3	de 77 à 105	
	19	4	de 106 à 144	
	20	5	de 145 à 170	
	21	6	de 171 à 219	
	22	7	de 220 à 262	228 bis.
	23	8	de 263 à 317	275 bis, 275 ter et 314 bis
		9	de 318 à 356 bis	325 bis et 356 bis
	24	supp	de 357 à 362	
4e SÉRIE. — EMPIRE RÈGNE DE NAPOLÉON Ier (1re période).	25	1	de 1 à 16	6 bis.
	26	2	de 17 à 37	
	27	3	de 38 à 58	
	28	4	de 59 à 95	
	29	5	de 96 à 130	128 bis.
	30	6	de 131 à 154	142 bis, 149 bis, 154 bis et sa table.
	31	7	de 155 à 173	
	32	8	de 174 à 196	
	33	9	de 197 à 221	214 bis et sa table.
	34	10	de 222 à 240	232 bis et 239 bis.
	35	11	de 241 à 258	
	36	12	de 259 à 298	77 bis et sa table
	37	13	de 299 à 341	327 bis.
	38	14	de 342 à 378	355 bis, 356 bis, 364 bis et 369 bis.
	39	15	de 379 à 413	

(1 et 2) Les tables chronologiques des tomes 1 et 2 sont réunies à la table chronologique

DATES.		TABLES CHRONOLOGIQUES	ALPHABÉTIQUES ET TIQUES.	OBSERVATIONS.
Du 21 prairial au 5e jour des sans-culottides..	An II.	1	1	Ces six tables chronologiques viennent d'être publiées par M. Drevelle, employé-rédacteur à la préfecture des Vosges. — Prix..... 3 fr.
Du 1er vendémiaire au 30 frimaire........		1	1	
Du 1er nivôse au 30 ventôse..........	An III.	1	1	
4e trimestre...........		1	1	
Du 1er messidor au 30 fructidor........		1	1	
Du 5 fructidor an 3 au 4 brumaire........	An IV.	1	1	
Du 12 brumaire au 30 ventôse..........	An IV.	(1) »	1	Ce n° bis s'intercale dans le 3e volume de la 2e série.
Du 1er germinal au 5e jour complémentaire..		(2) »	1	
Du 1er vendémiaire au 30 ventôse.......	An V.	1	1	
Du 1er germinal au 5e jour complémentaire...		1	1	
Du 1er vendémiaire au 30 ventôse.......	An VI.	1	1	
Du 1er germinal au 5e jour complémentaire...		1	1	
Du 1er vendémiaire au 30 ventôse.......	An VII.	1	1	
Du 1er germinal au 6e jour complémentaire...		1	1	
Du 1er vendémiaire au 27 nivôse.......	An VIII.	1	1	
Du mois de nivôse au dernier jour complémentaire.	An VIII.	1	1	
Du 1er vendémiaire au dernier ventôse.....	An IX.	1	1	
Du 1er germinal au dernier jour complémentaire.		1	1	
1er trimestre............		1	1	
2e trimestre............	An X.	1	1	Ces n°s bis s'intercalent dans chaque volume à leur ordre numérique.
2e semestre............		1	1	
1er semestre............	An XI.	1	1	
2e semestre............		1	1	
7 premiers mois...........	An XII.	1	1	
Du 28 floréal au dernier jour complémentaire..	An XII.	1	1	
Du 1er vendémiaire au 30 ventôse.......	An XIII.	1	1	
Du 1er germinal au 4e jour complémentaire...		1	1	
Du 1er vendémiaire au dernier jour du mois de mai 1806............	An XIV.	1	1	
Du 1er juin au dernier jour du mois de décembre 1806............		1	1	Les n°s 154 bis, 214 bis et 277 bis font partie des volumes 6, 9 et 12 suivant leur ordre numérique, et les tables de ces n°s sont mises à la suite des tables desdits volumes. Les autres n°s bis s'intercalent aussi dans chaque volume à leur ordre numérique.
7 premiers mois...........	1807.	1	1	
5 derniers mois...........		1	1	
1er semestre............	1808.	1	1	
2e semestre............		1	1	
1er semestre............	1809.	1	1	
2e semestre............		1	1	
1er semestre............	1810.	1	1	
2e semestre............		1	1	
1er semestre............	1811.	1	1	
2e semestre............		1	1	

du tome 3e.

GOUVERNEMENT.	TOMÉS de la COLLECTION.	SÉRIE.	NUMÉROS contenus dans chaque série.	N°ˢ BIS, TER ET QUATER contenus dans chaque série.	DATES.	TABLES CHRONOLOGIQUES.	TABLES ALPHABÉTIQUES.	OBSERVATIONS.
Suite de la 4ᵉ SÉRIE.								
EMPIRE	40	16	de 414 à 439		1ᵉʳ semestre. 1812.	1	1	
	41	17	de 440 à 461		2ᵉ semestre.	1	1	
RÈGNE	42	18	de 462 à 508		1ᵉʳ semestre. 1813.	1	1	
DE	43	19	de 509 à 549		2ᵉ semestre.	1	1	
NAPOLÉON Iᵉʳ (1ʳᵉ période).	44	20	de 550 à 566		1ᵉʳ trimestre. 1814.	1	1	
5ᵉ SÉRIE.								
RESTAURATION	45	1	de 1 à 29		2ᵉ trimestre. 1814.	1	1	
RÈGNE	46	2	de 30 à 69		2ᵉ semestre.	1	1	
DE LOUIS XVIII (1ʳᵉ période).	47	3	de 70 à 97		1ᵉʳ trimestre. 1815.	1	1	
6ᵉ SÉRIE. LES CENT-JOURS RÈGNE DE NAPOLÉON Iᵉʳ (2ᵉ période).	48	1	de 1 à 42		2ᵉ trimestre. 1815.	1	1	Les deux derniers numéros, 43 et 44, ne se vendent pas.
	49	1	de 1 à 55		2ᵉ semestre. 1815.	1	1	
	50	2	de 56 à 96		1ᵉʳ semestre. 1816.	1	1	
	51	3	de 97 à 127		2ᵉ semestre.	1	1	
	52			109 *bis* titre, sa table, code civil.			1	Les 5 premiers n°ˢ *bis* de cette série ont seuls des tables; ces n°ˢ doivent faire volumes. Quant aux autres n°ˢ *bis*, ils s'intercalent dans chaque volume à leur ordre numérique.
	53			110 *bis* titre et sa table et son tarif code de pr. civile.			1	
7ᵉ SÉRIE.	54			111 *bis* titre et sa table — code de commerce.			1	
	55			112 *bis* titre et sa table — code d'inst. crimin.			1	
RESTAURATION	56			113 *bis* titre et sa table — code pénal.			1	
RÈGNE	57	4	de 128 à 162		1ᵉʳ semestre. 1817.	1	1	
DE LOUIS XVIII (2ᵉ période).	58	5	de 163 à 191		2ᵉ semestre.	1	1	
	59	6	de 192 à 222		1ᵉʳ semestre. 1818.	1	1	
	60	7	de 223 à 256		2ᵉ semestre.	1	1	
	61	8	de 257 à 291		1ᵉʳ semestre. 1819.	1	1	
	62	9	de 292 à 336		2ᵉ semestre.	1	1	
	63	10	de 337 à 380		1ᵉʳ semestre. 1820.	1	1	
	64	11	de 381 à 426	399 *bis*, 401 *bis*, 402 *bis*, 414 *bis*, 415 *bis* et 421 *bis*.	2ᵉ semestre.	1	1	

GOUVERNEMENT.	TOMES de la COLLEC-TION.	SÉRIE.	NUMÉROS contenus dans chaque SÉRIE.	Nos BIS, TER ET QUATER contenus dans chaque SÉRIE.
Suite de la 7e SÉRIE. — RESTAURATION. — RÈGNE DE LOUIS XVIII. (2e période.)	65	12	de 427 à 460	429 *bis,* 436 *bis,* 439 *bis,* 443 *bis,* 444 *bis,* 449 *bis,* 450 *bis,* 453 *bis* et 455 *bis.*
	66	13	de 461 à 498	462 *bis.* 467 *bis,* 471 *bis,* 474 *bis,* 479 *bis,* 480 *bis,* 492 *bis* et 495 *bis.*
	67	14	de 499 à 539 *bis.*	501 *bis,* 505 *bis,* 508 *bis,* 518 *bis,* 519 *bis,* 522 *bis,* 528 *bis,* 532 *bis,* 536 *bis* et 539 *bis.*
	68	15	de 540 à 578	544 *bis,* 549 *bis,* 554 *bis,* 553 *bis,* 557 *bis,* 559 *bis,* 564 *bis,* 569 *bis* et 576 *bis.*
	69	16	de 579 à 614	580 *bis,* 591 *bis,* 592 *bis,* 593 *bis,* 594 *bis,* 597 *bis,* 598 *bis,* 601 *bis,* 602 *bis,* 606 *bis,* 607 *bis,* 609 *bis,* 610 *bis* et 612 *bis.*
	70	17	de 615 à 649 *bis.*	616 *bis,* 620 *bis,* 621 *bis,* 622 *bis,* 625 *bis,* 626 *bis,* 628 *bis,* 631 *bis,* 634 *bis,* 638 *bis,* 645 *bis* et 649 *bis*
	71	18	de 650 à 679 *bis.*	652 *bis,* 655 *bis,* 658 *bis,* 661 *bis,* 664 *bis,* 666 *bis,* 667 *bis,* 668 *bis,* 678 *bis* et 679 *bis,*
	72	19	de 680 à 698	680 *bis,* 683 *bis,* 684 *bis,* 687 *bis.* 690 *bis,* 691 *bis,* 692 *bis,* 695 *bis,* 696 *bis* et 697 *bis.*
8e SÉRIE. — RÈGNE DE CHARLES X.	73	1	de 1 à 15 *bis.*	2 *bis,* 7 *bis,* 12 *bis* et 15 *bis* . . . .
	74	2	de 16 à 47	20 *bis,* 22 *bis,* 24 *bis,* 28 *bis,* 31 *bis,* 40 *bis,* 41 *bis,* 42 *bis* et 46 *bis.*
	75	3	de 48 à 70	51 *bis,* 58 *bis,* 61 *bis,* 62 *bis,* 63 *bis* et 67 *bis.*

DATES.		TABLES CHRONO-LOGIQUES.	TABLES ALPHABÉ-TIQUES.	OBSERVATIONS.
1er semestre	1821.	1	1	
2e semestre		1	1	
1er semestre	1822.	1	1	
2e semestre		1	1	
1er semestre	1823.	1	1	
2e semestre		1	1	
1er semestre	1824.	1	1	
Du 1er juillet au 16 septembre.		1	1	
Du 16 septembre au 31 décembre	1824.	1	1	Tous les nos *bis* de cette série s'intercalent dans chaque volume à leur ordre numérique.
1er semestre	1825.	1	1	
2e semestre.		1	1	

GOUVERNEMENT	TOMES de la COLLECTION	SÉRIE	NUMÉROS contenus dans chaque série	Nos BIS, TER ET QUATER contenus dans chaque SÉRIE	DATES.	ANNÉE	TABLES CHRONOLOGIQUES	TABLES ALPHABÉTIQUES	OBSERVATIONS.
Suite de la 8e série. — **RÈGNE DE CHARLES X.**	76	4	de 71 à 100	71 *bis*, 73 *bis*, 81 *bis*, 82 *bis*, 83 *bis*, 84 *bis*, 87 *bis*, 94 *bis*, 95 *bis* et 96 *bis*.	1er semestre		1	1	
	77	5	de 101 à 135 *bis*.	101 *bis*, 102 *bis*, 103 *bis*, 104 *bis*, 107 *bis*, 109 *bis*, 110 *bis*, 114 *bis*, 121 *bis*, 127 *bis*, 128 *bis* et 135 *bis*.	2e semestre	1826.	1	1	
	78	6	de 136 à 173	136 *bis*, 140 *bis*, 147 *bis*, 154 *bis*, 155 *bis*, 163 *bis*, 166 *bis*, 170 *bis* et 172 *bis*.	1er semestre		1	1	
	79	7	de 174 à 204 *bis*.	174 *bis*, 175 *bis*, 177 *bis*, 180 *bis*, 181 *bis*, 182 *bis*, 183 *bis*, 185 *bis*, 191 *bis*, 196 *bis*, 203 *bis* et 204 *bis*.	2e semestre	1827.	1	1	
	80	8	de 205 à 238 *bis*.	207 *bis*, 211 *bis*, 218 *bis*, 224 *bis*, 225 *bis*, 226 *bis*, 227 *bis*, 231 *bis*, 235 *bis*, 237 *bis*, et 238 *bis*.	1er semestre		1	1	
	81	9	de 230 à 273 *quat*.	240 *bis*, 244 *bis*, 245 *bis*, 250 *bis*, 251 *bis*, 254 *bis*, 255 *bis*, 260 *bis*, 261 *bis*, 264 *bis*, 272 *bis*, 273 *bis*, 273 *ter* et 273 *quater*.	2e semestre	1828.	1	1	
	82	10	de 274 à 299	278 *bis*, 279 *bis*, 281 *bis*, 288 *bis*, 290 *bis*, 294 *bis* et 298 *bis*.	1er semestre		1	1	
	83	11	de 300 à 335 *bis*.	301 *bis*, 302 *bis*, 304 *bis*, 310 *bis*, 311 *bis*, 311 *ter*, 312 *bis*, 313 *bis*, 314 *bis*, 315 *bis*, 316 *bis*, 319 *bis*, 319 *ter*, 320 *bis*, 321 *bis*, 328 *bis*, 330 *bis*, 331 *bis*, 334 *bis* et 335 *bis*.	2e semestre	1829.	1	1	
	84	12	de 336 à 375	336 *bis*, 337 *bis*, 340 *bis*, 341 *bis*, 342 *bis*, 344 *bis*, 346 *bis*, 349 *bis*, 350 *bis*, 351 *bis*, 353 *bis*, 356 *bis*, 362 *bis*, 363 *bis*, 364 *bis*, 366 *bis*, 367 *bis* et 369 *bis*.	Du 1er janvier au 28 juillet	1830.	1	1	

GOUVERNEMENT.	TOMES de la COLLECTION.	1re PARTIE. LOIS.	2e PARTIE Ordonnances. 1re section.	2e PARTIE Ordonnances. 2e section.	PARTIE supplémentaire.	1re PARTIE. — LOIS.	2e PARTIE. 1re section.
	85, 86	1	1	»	»	de 1 à 17	de 1 à 36 bis
	87, 88	2	2	»	»	de 18 à 41	de 37 à 85
9e SÉRIE. — RÈGNE de LOUIS-PHILIPPE.	89, 90	3	3	»	»	de 42 à 51	de 86 à 134
	91, 92	»	4	1	»	»	de 135 à 169
	93, 94, 95		5	2	»	de 55 à 81	de 170 à 206
	96, 97, 98	5	6	3	»	de 82 à 109	de 207 à 237
	99, 100	»	7	4	»	»	de 238 à 279
	101, 102 103	6	8	5	»	de 110 à 130	de 280 à 311
	104, 105	»	9	6	»	»	de 312 à 345
	106, 107, 108	7	10	7	»	de 131 à 155	de 346 à 368
	109, 110	»	11	8	»	»	de 369 à 401
	111, 112	»	12	»	9	»	de 402 à 438
	113, 114	»	13	»	10	»	de 439 à 477
	115, 116	»	14	»	11	»	de 478 à 512
	117, 118	»	15	»	12	»	de 513 à 552
	119, 120	»	16	»	13	»	de 553 à 582
	121, 122	»	17	»	14	»	de 583 à 619
	123, 124	»	18	»	15	»	de 620 à 658
	125, 126	»	19	»	16	»	de 659 à 703

DANS CHAQUE SÉRIE.

TOMES de la COLLECTION.	— ORDONNANCES. Nos bis contenus dans les trois premiers volumes de la 1re section ci-contre.	2e section.	PARTIE supplémentaire.	DATES	TABLES CHRONOLOGIQUES.	TABLES ALPHABÉTIQUES.	OBSERVATIONS.
85, 86	7 bis, 12 bis, 20 bis, 25 bis, 26 bis, 27 bis, 29 bis et 36 bis.	»	»	5 derniers mois. 1830.	2	2	Depuis le 9 août 1838, le *Bulletin des Lois* a été divisé en 2 parties, l'une consacrée à l'insertion des lois, et l'autre à l'insertion des ordonnances. Au 31 décembre 1851, cette seconde partie a été elle-même divisée en deux sections : l'une concernant les ordonnances d'intérêt public et général, l'autre les ordonnances d'intérêt local ou individuel. Cette dernière, comprise dans la 2e section, a été recueillie sous le titre de partie supplémentaire.
87, 88	45 bis, 46 bis, 57 bis, 58 bis, 65 bis, 66 bis, 67 bis, 69 bis, 74 bis, 76 bis, 77 bis, 78 bis, 79 bis, 80 bis, 82 bis, 83 bis, et 84 bis.	»	»	1er semestre. 1831.	2	2	
89, 90	86 bis, 87 bis, 88 bis, 89 bis, 90 bis, 91 bis, 92 bis, 94 bis, 97 bis, 102 bis, 103 bis, 104 bis, 105 bis, 106 bis, 107 bis, 108 bis, 109 bis, 110 bis, 111 bis, 112 bis, 117 bis, 124 bis, 125 bis, 127 bis, 128 bis, 129 bis, 130 bis, 132 bis, et 133 bis.	»	»	2e semestre. 1831.	2	2	
91, 92		1 à 25	»	1er semestre. 1832.	2	2	
93, 94, 95		26 à 47	»	2e semestre. 1832.	3	3	
96, 97, 98		48 à 62	»	1er semestre. 1833.	3	3	
99, 100		63 à 86	»	2e semestre. 1833.	2	2	
101, 102 103		87 à 102	»	1er semestre. 1834.	3	3	
104, 105		103 à 124	»	2e semestre. 1834.	2	2	
106, 107, 108		125 à 148	»	1er semestre. 1835.	3	3	
109, 110		149 à 178	»	2e semestre. 1835.	2	2	
111, 112		»	179 à 212	1er semestre. 1836.	2	2	
113, 114		»	213 à 238	2e semestre. 1836.	2	2	
115, 116		»	239 à 296	1er semestre. 1837.	2	2	
117, 118		»	297 à 337	2e semestre. 1837.	2	2	
119, 120		»	338 à 376	1er semestre. 1838.	2	2	
121, 122		»	377 à 407	2e semestre. 1838.	2	2	
123, 124		»	408 à 438	1er semestre. 1839.	2	2	
125, 126		»	439 à 461	2e semestre. 1839.	2	2	

GOUVERNEMENT.	TOMES de la COLLECTION.	TOMES DE LA SÉRIE appartenant à la — 1re PARTIE. LOIS.	2e PARTIE ordonnances. 1re section.	2e section.	PARTIE supplémentaire.	NUMÉROS CONTENUS — 1re PARTIE. — LOIS.	2e PARTIE. 1re section.
Suite de la 9e série. — **RÈGNE** **de** **LOUIS-PHILIPPE.**	127, 128	»	20	»	17	»	de 708 à 738
	129, 130	»	21	»	18	»	de 739 à 782
	131, 132	»	22	»	19	»	de 783 à 832
	133, 134	»	23	»	20	»	de 833 à 878
	135, 136	»	24	»	21	»	de 879 à 924
	137, 138	»	25	»	22	»	de 925 à 970
	139, 140	»	26	»	23	»	de 971 à 1018
	141, 142	»	27	»	24	»	de 1019 à 1066
	143, 144	»	28	»	25	»	de 1067 à 1105
	145, 146	»	29	»	26	»	de 1106 à 1167
	147, 148	»	30	»	27	»	de 1168 à 1214
	149, 150	»	31	»	28	»	de 1215 à 1268
	151, 152	»	32	»	29	»	de 1269 à 1305
	153, 154	»	33	»	30	»	de 1306 à 1354
	155, 156	»	34	»	31	»	de 1355 à 1396
	157, 158	»	35	»	32	»	de 1397 à 1443
	159, 160	»	36	»	33	»	de 1444 à 1455

NUMÉROS CONTENUS DANS CHAQUE SÉRIE. — ORDONNANCES. Nos bis contenus dans les trois premiers volumes de la 1re section ci-contre.	2e section.	PARTIE supplémentaire.	DATES.	TABLES CHRONOLOGIQUES.	ALPHABÉTIQUES.	OBSERVATIONS.
. . . .	»	465 à 495	1er semestre . } 1840.	2	2	
. . . .	»	496 à 520	2e semestre .	2	2	
. . . .	»	521 à 547	1er semestre . } 1841.	2	2	
. . . .	»	548 à 579	2e semestre .	2	2	
. . . .	»	580 à 611	1er semestre . } 1842.	2	2	
. . . .	»	612 à 635	2e semestre .	2	2	
. . . .	»	636 à 672	1er semestre . } 1843.	2	2	
. . . .	»	673 à 696	2e semestre .	2	2	
. . . .	»	697 à 730	1er semestre . } 1844.	2	2	
. . . .	»	731 à 757	2e semestre .	2	2	
. . . .	»	758 à 792	1er semestre . } 1845.	2	2	
. . . .	»	793 à 820	2e semestre .	2	2	
. . . .	»	821 à 852	1er semestre . } 1846.	2	2	
. . . .	»	853 à 881	2e semestre .	2	2	
. . . .	»	882 à 908	1er semestre . } 1847.	2	2	
. . . .	»	909 à 928	2e semestre .	2	2	
. . . .	»	929 à 937	Du 1er janvier au 24 février. } 1848.	2	2	

GOUVERNEMENT.	TOMES DE LA			NUMÉROS contenus dans chaque série.	
	COLLECTION.	SÉRIE.		ORDONNANCES.	PARTIE supplémentaire.
		Ordonnances	Partie supplémentaire.		
	161, 162	1	1	de 1 à 47	de 1 à 12
	163, 164	2	2	de 48 à 111	de 13 à 39
	165, 166	3	3	de 112 à 174	de 40 à 70
	167, 168	4	4	de 175 à 225	de 71 à 102
10e SÉRIE. — RÉPUBLIQUE FRANÇAISE.	169, 170	5	5	de 226 à 282	de 103 à 131
	171, 172	6	6	de 283 à 339	de 132 à 157
	173, 174	7	7	de 340 à 409	de 158 à 197
	175, 176	8	8	de 410 à 476	de 198 à 223
	177, 178	9	9	de 477 à 519	de 224 à 258
	179, 180	10	10	de 550 à 598	de 259 à 290

DATES.		TABLES		OBSERVATIONS.
		CHRONOLOGIQUES.	ALPHABÉTIQUES.	
Du 24 février au 30 juin	1848.	2	2	
2e semestre		2	2	
1er semestre	1849.	2	2	
2e semestre		2	2	
1er semestre	1850.	2	2	
2e semestre		2	2	
1er semestre	1851.	2	2	
2e semestre		2	2	
1er semestre	1852.	2	2	
2e semestre		2	2	

GOUVERNEMENT.	TOMES DE LA			NUMEROS contenus dans chaque série.	
	COLLECTION.	SÉRIE.		PARTIE	PARTIE
		Partie principale.	Partie supplémentaire.	principale.	supplémentaire.
	181, 182	1	1	de 1 à 67	de 1 à 32
	183, 184	2	2	de 68 à 121	de 33 à 56
	185, 186	3	3	de 122 à 194	de 57 à 94
	187, 188	4	4	de 195 à 253	de 95 à 144
	189, 190	5	5	de 254 à 307	de 145 à 196
	191, 192	6	6	de 308 à 350	de 197 à 251
	193, 194	7	7	de 351 à 407	de 252 à 292
	195, 196	8	8	de 408 à 459	de 293 à 347
	197, 198	9	9	de 460 à 516	de 348 à 396
	199, 200	10	10	de 517 à 574	de 397 à 451
	201, 202	11	11	de 575 à 617	de 452 à 503
	203, 204	12	12	de 618 à 657	de 504 à 549
11e SÉRIE.	205, 206	13	13	de 658 à 707	de 550 à 585
—	207, 208	14	14	de 708 à 758	de 586 à 625
EMPIRE.	209, 210	15	15	de 759 à 815	de 626 à 664
—	211, 212	16	16	de 816 à 891	de 665 à 704
RÈGNE	213, 214	17	17	de 892 à 945	de 705 à 739
DE	215, 216	18	18	de 946 à 991	de 740 à 790
NAPOLÉON III.	217, 218	19	19	de 992 à 1033	de 791 à 852
	219, 220	20	20	de 1034 à 1079	de 853 à 908
	221, 222	21	21	de 1080 à 1132	de 909 à 959
	223, 224	22	22	de 1133 à 1169	de 960 à 1001
	225, 226	23	23	de 1170 à 1221	de 1002 à 1048
	227, 228	24	24	de 1222 à 1262	de 1049 à 1090
	229, 230	25	25	de 1263 à 1306	de 1091 à 1130
	231, 232	26	26	de 1307 à 1360	de 1131 à 1175
	233, 234	27	27	de 1361 à 1401	de 1176 à 1226
	235, 236	28	28	de 1402 à 1454	de 1227 à 1274
	237, 238	29	29	de 1455 à 1503	de 1275 à 1334
	239, 240	30	30	de 1504 à 1557	de 1335 à 1377

DATES.		TABLES		OBSERVATIONS.
		CHRONOLOGIQUES.	ALPHABÉTIQUES.	
Du 2 décembre 1852 et 1er semestre	1853.	2	2	
2e semestre.		2	2	
1er semestre	1854.	2	2	
2e semestre.		2	2	
1er semestre	1855.	2	2	
2e semestre.		2	2	
1er semestre	1856.	2	2	
2e semestre.		2	2	
1er semestre	1857.	2	2	
2e semestre.		2	2	
1er semestre	1858.	2	2	
2e semestre.		2	2	
1er semestre	1859.	2	2	
2e semestre.		2	2	
1er semestre	1860.	2	2	
2e semestre.		2	2	
1er semestre	1861.	2	2	
2e semestre.		2	2	
1er semestre	1862.	2	2	
2e semestre.		2	2	
1er semestre	1863.	2	2	
2e semestre.		2	2	
1er semestre	1864.	2	2	
2e semestre.		2	2	
1er semestre	1865.	2	2	
2e semestre.		2	2	
1er semestre	1866.	2	2	
2e semestre.		2	2	
1er semestre	1867.	2	2	
2e semestre.		2	2	

GARDEN

[illegible]
[illegible]
[illegible]

TABLEAU

Manière adoptée par l'Imprimerie Impériale pour le classement
dans les bibliothèques administratives
des volumes du BULLETIN DES LOIS

| DÉSIGNATION | | | | |
DES SÉRIES.	DES ANNÉES.	DES TOMES de la collection.	des séries.	DES NUMÉROS.
1re. CONVENTION.	21 prairial an II (9 juin 1794).	1	1	1 à 61
	An III (1795).	2	2	62 à 100
		3	3	101 à 130
		4	4	131 à 156
		5	5	157 à 179
	An IV (1er trimest.) (1795).	6	6	180 à 205
2e. DIRECTOIRE.	An IV (3 novembre 1795).	7	1	1 à 34
		8	2	35 à 78
	An V (1796).	9	3	79 à 114 *bis*.
		10	4	115 à 147
	An VI (1797).	11	5	148 à 191
		12	6	192 à 227
	An VII (1798).	13	7	228 à 268
		14	8	269 à 312
	An VIII (1799).	15	9	313 à 345
3e. CONSULAT.	An VIII, 19 nivôse, (9 janvier 1800).	16	1	1 à 45
	An IX (1801.	17	2	46 à 76
		18	3	77 à 105
	An X (1802.	19	4	106 à 144
		20	5	145 à 170
		21	6	171 à 219
	An XI (1803.	22	7	220 à 262
		23	8	263 à 317
	An XII (7 premiers mois) (1804).	24	9	318 à 356 *bis* 357 à 362
4e. EMPIRE. — RÈGNE de NAPOLÉON Ier (1re période).	An XII (5 derniers mois) (1804).	25	1	1 à 16
	An XIII (1805.	26	2	17 à 37
		27	3	38 à 58
	An XIV et 1806.	28	4	59 à 95
		29	5	96 à 130
	1807.	30	6	131 à 154 *bis*
		31	7	155 à 173

DÉSIGNATION		DES TOMES		
DES SÉRIES.	DES ANNÉES.	de la collection.	des séries.	DES NUMÉROS.
4e. **EMPIRE.** — **RÈGNE** de **NAPOLÉON Ier** (1re période). (*Suite.*)	1808.	32	8	174 à 196
		33	9	197 à 221
	1809..	34	10	222 à 240
		35	11	241 à 258
	1810.	36	12	259 à 298
		37	13	299 à 341
	1811.	38	14	342 à 378
		39	15	379 à 413
	1812.	40	16	414 à 439
		41	17	440 à 461
	1813.	42	18	462 à 508
		43	19	509 à 549
	1814 (1er trimestre).	44	20	550 à 566
5e. **RESTAURATION.** — **RÈGNE** de **LOUIS XVIII** (1re période).	1814 (9 derniers mois).	45	1	1 à 29
		46	2	30 à 69
	1815 (1er trimestre).	47	3	70 à 97
6e. **LES CENT-JOURS.** — **RÈGNE** de **NAPOLÉON Ier** (2e période).	1815 (2e trimestre).	48	unique.	1 à 42
7e. **RESTAURATION.** — **RÈGNE** de **LOUIS XVIII** (2e période).	1815 (3e et 4e trim.).	49	1	1 à 55
	1816.	50	2	56 à 96
		51	3	97 à 127
	1817.	52	4	128 à 162
		53	5	163 à 191
	1818.	54	6	192 à 222
		55	7	223 à 256
	1819.	56	8	257 à 291
		57	9	292 à 336

| DÉSIGNATION | | | | |
DES SÉRIES.	DES ANNÉES.	de la collection.	des séries.	DES NUMÉROS.
	1820.	58	10	337 à 380
		59	11	381 à 426
7e. RESTAURATION.	1821.	60	12	427 à 460
—		61	13	461 à 498
RÈGNE de LOUIS XVIII (2e période). (Suite.)	1822.	62	14	499 à 539 *bis.*
		63	15	540 à 578
	1823.	64	16	579 à 614
		65	17	615 à 649 *bis.*
	1824, du 1er janvier au 16 septembre.	66	18	650 à 679 *bis.*
		67	19	680 à 698
			non compris les cinq Codes.	
	1824, du 16 septem. au 31 décembre.	68	1	1 à 15 *bis.*
	1825.	69	2	16 à 47
		70	3	48 à 70
8e. RÈGNE de CHARLES X.	1826.	71	4	71 à 100
		72	5	101 à 135 *bis.*
	1827.	73	6	136 à 173
		74	7	174 à 204 *bis.*
	1828.	75	8	205 à 238 *bis.*
		76	9	239 à 273 *quat.*
	1829.	77	10	274 à 299
		78	11	300 à 335 *bis.*
	1830 (1er semestre).	79	12	336 à 375
	1830 (2e semestre).	80	1er. Lois.	1 à 17
		81	1er. Ordonnanc.	1 à 36 *bis.*
9e. RÈGNE de LOUIS-PHILLIPE.	1831.	82	2e. Lois.	18 à 41
		83	2e. Ordonnanc.	37 à 85
		84	3e. Lois.	42 à 54
		85	3e. Ordonnanc.	86 à 134
		86	4e. Lois.	55 à 81
		87	4e. Ordonnanc.	135 à 169
	1832.	88	1er. 2e section.	1 à 25
		89	5e. Ordonnanc.	170 à 206
		90	2e. 2e section.	26 à 47

DÉSIGNATION				
		DES TOMES		
DES SÉRIES.	DES ANNÉES.	de la collection.	des séries.	DES NUMÉROS.
		91	5e. Lois.	82 à 109
		92	6e. Ordonnanc.	207 à 237
	1833.	93	7e. Ordonnanc.	238 à 279
		94	3e. 2e section.	48 à 62
		95	4e. 2e section.	63 à 86
		96	6e. Lois.	110 à 130
		97	8e. Ordonnanc.	280 à 311
	1834.	98	5e. 2e section.	87 à 102
		99	9e. Ordonnanc.	312 à 345
		100	6e. 2e section.	103 à 124
		101	7e. Lois.	131 à 155
		102	10e. Ordonn.	346 à 368
	1835.	103	7e. 2e section.	125 à 148
		104	11e. Ordonn.	369 à 401
		105	8e. 2e section.	149 à 178
		106	12e. Ordonn.	402 à 438
		107	9e. Supplém.	179 à 212
9e.	1836.	108	13e. Ordonn.	439 à 477
		109	10e. Supplém.	213 à 258
RÈGNE		110	14e. Ordonn.	478 à 512
de		111	11e. Supplém.	259 à 296
LOUIS-PHILLIPE.	1837.	112	15e. Ordonn.	513 à 552
(Suite.)		113	12e. Supplém.	297 à 337
		114	16e. Ordonn.	553 à 582
		115	13e. Supplém.	338 à 376
	1838.	116	17e. Ordonn.	583 à 619
		117	14e. Supplém.	377 à 407
		118	18e. Ordonn.	620 à 658
		119	15e. Supplém.	408 à 438
	1839.	120	19e. Ordonn.	659 à 705
		121	16e. Supplém.	439 à 464
		122	20e. Ordonn.	706 à 738
		123	17e. Supplém.	465 à 495
	1840.	124	21e. Ordonn.	739 à 782
		125	18e. Supplém.	496 à 520
		126	22e. Ordonn.	783 à 832
		127	19e. Supplém.	521 à 547
	1841.	128	23e. Ordonn.	833 à 878
		129	20e. Supplém.	548 à 579

DÉSIGNATION				
		DES TOMES		
DES SÉRIES.	DES ANNÉES.	de la collection.	des séries.	DES NUMÉROS.
	1842.	130	24e. Ordonn.	879 à 924
		131	21e. Supplém.	580 à 611
		132	25e. Ordonn.	925 à 970
		133	22e. Supplém.	612 à 635
	1843.	134	26e. Ordonn.	971 à 1,018
		135	23e. Supplém.	636 à 672
		136	27e. Ordonn.	1,019 à 1,066
		137	24e. Supplém.	673 à 696
	1844.	138	28e. Ordonn.	1,067 à 1,105
		139	25e. Supplém.	697 à 730
9e.		140	29e. Ordonn.	1,106 à 1,167
		141	26e. Supplém.	731 à 757
RÈGNE	1845.	142	30e. Ordonn.	1,168 à 1,214
de		143	27e. Supplém.	758 à 792
LOUIS-PHILLIPE.		144	31e. Ordonn.	1,215 à 1,268
		145	28e. Supplém.	793 à 820
(Suite.)	1846.	146	32e. Ordonn.	1,269 à 1,305
		147	29e. Supplém.	821 à 852
		148	33e. Ordonn.	1,306 à 1,354
		149	30e. Supplém.	853 à 881
	1847.	150	34e. Ordonn.	1,355 à 1,396
		151	31e. Supplém.	882 à 908
		152	35e. Ordonn.	1,397 à 1,443
		153	32e. Supplém.	909 à 928
	1848, du 1er janvier au 24 février.	154	36e. Ordonn.	1,444 à 1,455
		155	33e. Supplém.	929 à 937
10e.	1848, du 24 février au 31 décembre.	156	1er. Ordonn.	1 à 47
		157	1er. Supplém	1 à 12
RÉPUBLIQUE		158	2e. Ordonnanc.	48 à 111
FRANÇAISE.		159	2e. Supplém.	13 à 39
	1849.	160	3e. Ordonnanc.	112 à 174
		161	3e. Supplém.	40 à 70
		162	4e. Ordonnanc.	175 à 225
		163	4e. Supplém.	71 à 102

| DES SÉRIES. | DES ANNÉES. | DES TOMES | | DES NUMÉROS. |
		de la collection.	des séries.	
10e. **RÉPUBLIQUE** **FRANÇAISE.** *(Suite.)*	1850.	164	5e. Ordonnanc.	226 à 282
		165	5e. Supplém.	103 à 131
		166	6e. Ordonnanc.	283 à 339
		167	6e. Supplém.	132 à 157
	1851.	168	7e. Ordonnanc.	340 à 409
		169	7e. Supplém	158 à 197
		170	8e. Ordonnanc.	410 à 476
		171	8e. Supplém.	198 à 223
	1852.	172	9e. Ordonnanc.	477 à 549
		173	9e. Supplém.	224 à 258
		174	10e. Ordonn.	550 à 598
		175	10e. Supplém.	259 à 290
11e. **EMPIRE.** — **RÈGNE** **de** **NAPOLÉON III.**	1853.	176	1er. Lois.	1 à 67
		177	1er. Supplém.	1 à 32
		178	2e. Lois.	68 à 121
		179	2e. Supplém.	33 à 56
	1854.	180	3e. Lois.	122 à 194
		181	3e. Supplém.	57 à 94
		182	4e Lois.	195 à 253
		183	4e. Supplém.	95 à 144
	1855.	184	5e. Lois.	254 à 307
		185	5e. Supplém.	145 à 196
		186	6e. Lois.	308 à 350
		187	6e. Supplém.	197 à 251
	1856.	188	7e. Lois.	351 à 407
		189	7e. Supplém.	252 à 292
		190	8e. Lois.	408 à 459
		191	8e. Supplém.	293 à 347
	1857.	192	9e. Lois.	460 à 516
		193	9e. Supplém.	348 à 396
		194	10e. Lois.	517 à 574
		195	10e. Supplém.	397 à 451
	1858.	196	11e. Lois.	575 à 617
		197	11e. Supplém.	452 à 503
		198	12e. Lois.	618 à 657
		199	12e. Supplém.	504 à 549

DÉSIGNATION			
		DES TOMES	
DES SÉRIES.	DES ANNÉES.	de la collection.	des séries.	DES NUMÉROS.

DES SÉRIES.	DES ANNÉES.	de la collection.	des séries.	DES NUMÉROS.
		200	13e. Lois.	658 à 707
		201	13e. Supplém.	550 à 585
	1859.	202	14e. Lois.	708 à 758
		203	14e. Supplém.	586 à 625
		204	15e. Lois.	759 à 815
		205	15e. Supplém.	626 à 664
	1860.	206	16e. Lois.	816 à 891
		207	16e. Supplém.	665 à 704
		208	17e. Lois.	892 à 945
		209	17e. Supplém.	705 à 739
	1861.	210	18e. Lois.	946 à 991
		211	18e. Supplém.	740 à 790
		212	19e. Lois.	992 à 1,033
		213	19e. Supplém.	791 à 852
	1862.	214	20e. Lois.	1,034 à 1,079
11e.		215	20e. Supplém.	853 à 908
EMPIRE.		216	21e. Lois.	1,080 à 1,132
—		217	21e. Supplém.	909 à 959
RÈGNE	1863.	218	22e. Lois.	1,133 à 1,169
de		219	22e. Supplém.	960 à 1,001
NAPOLÉON III.		220	23e. Lois.	1,170 à 1,221
(Suite.)		221	23e. Supplém.	1,002 à 1,048
	1864.	222	24e. Lois.	1,222 à 1,262
		223	24e. Supplém.	1,049 à 1,090
		224	25e. Lois.	1,263 à 1,306
		225	25e. Supplém.	1,091 à 1,130
	1865.	226	26e. Lois.	1,307 à 1,360
		227	26e. Supplém.	1,131 à 1,175
		228	27e. Lois.	1,361 à 1,401
		229	27e. Supplém.	1,176 à 1,226
	1866,	230	28e. Lois.	1,402 à 1,454
		231	28e. Supplém.	1,227 à 1,274
		232	29e. Lois.	1,455 à 1,503
		233	29e. Supplém.	1,275 à 1,334
	1867.	234	30e. Lois.	1,504 à 1,557
		235	30e. Supplém.	1,335 à 1,377

MODÈLE D'INSCRIPTION

POUR

LES DOCUMENTS LÉGISLATIFS

SUR LES

Catalogues des bibliothèques des préfectures, sous-préfectures,
et sur les inventaires des archives des mairies.

DOCUMENTS LÉGISLATIFS.

LÉGISLATION ANTÉRIEURE A 1789.

Recueil général des anciennes lois françaises, depuis l'an 420 jusqu'à la Révolution de 1789, par MM. Jourdan, Decrusy, Isambert et Taillandier, avocats . . . . 29 volumes.

Table générale, analytique et alphabétique de ce Recueil. . . . . 1 volume.

LÉGISLATION POSTÉRIEURE A 1789.

Collection générale, *dite du Louvre*, des lois, proclamations, instructions et autres actes du pouvoir exécutif, publiés pendant l'Assemblée nationale *constituante* et *législative*, depuis la convocation des États généraux jusqu'au 18 prairial AN II (6 juin 1794). 23 volumes.

	NUMÉROS.	VOLUMES.
1re Série. — Convention, du 21 prairial AN II (9 juin 1794) au 4 brumaire AN IV (26 octobre 1795) . . .	205	6
2e — Directoire, du 12 brumaire AN IV (3 novembre 1795) au 27 nivôse AN VIII (17 janvier 1801) . . .	343	9
3e — Consulat, AN VIII (19 nivôse) à l'AN XII (7 premiers mois) . . .	362	9
4e — Empire. Règne de Napoléon Ier (1re période), du 28 floréal AN XII (18 mai 1804) au 26 mars 1814 .	566	20
5e — Restauration. Règne de Louis XVIII (1re période), du 1er avril 1814 au 19 mars 1815	97	3
6e — Les Cent-Jours. Règne de Napoléon Ier (2e période), du 1er mars au 30 juin 1815	42	1
7e — Restauration. Règne de Louis XVIII (2e période), du 25 juin 1815 au 8 septembre 1824	698	19
8e — Règne de Charles X, du 29 septembre 1824 au 31 juillet 1830	375	non compris les 5 codes. 12
9e — Règne de Louis-Philippe. { Du 27 juillet 1830 au 24 février 1848. } 1re partie. Lois.	155	7
{ Du 2 janvier 1832 au 22 février 1848. } 2e — Ordonnances. { 1re section . . .	1455	36
{ 2e sect. et partie supp.	937	33
10e — République française, du 24 février 1848 au 1er décembre 1852. { Ordonnances . . .	598	10
{ Partie supplémentaire . . .	290	10
11e — Empire. Règne de Napoléon III, du 2 décembre 1852 . . . . { Partie principale . . .	1557	30
{ Partie supplémentaire	1377	30

TABLE GÉNÉRALE ET DÉCENNALE DU BULLETIN DES LOIS.

	VOLUMES.		VOLUMES.
Table générale (1789 à 1814) . . .	4	Table décennale (1834 à 1843) . . .	1
Table décennale (1814 à 1823) . . .	1	— (1844 à 1853) . . .	1
— (1824 à 1833) . . .	1	— (1854 à 1863) . . .	2

TABLEAU présentant, à l'aide d'un calcul très-simple, la concordance entre le calendrier grégorien et le calendrier républicain.

Vendémiaire correspondant à septembre.	AN II 1793.	AN III 1794.	AN IV 1795.	AN V 1796.	AN VI 1797.	AN VII 1798.	AN VIII 1799.	AN IX 1800.	AN X 1801.	AN XI 1802.	AN XII 1803.	AN XIII 1804.	AN XIV 1805.
Vendémiaire 1er.	22 sept.	22 sept.	23 sept.	22 sept.	22 sept.	22 sept.	23 sept.	23 sept.	23 sept.	23 sept.	24 sept.	23 sept.	23 sept.
Brumaire 1er.	22 oct.	22 oct.	23 oct.	22 oct.	22 oct.	22 oct.	23 oct.	23 oct.	23 oct.	23 oct.	24 oct.	23 oct.	23 oct.
Frimaire 1er.	21 nov.	21 nov.	22 nov.	21 nov.	21 nov.	21 nov.	22 nov.	22 nov.	22 nov.	22 nov.	23 nov.	22 nov.	22 nov.
Nivôse 1er.	21 déc.	21 déc.	22 déc.	21 déc.	21 déc.	21 déc.	22 déc.	22 déc.	22 déc.	22 déc.	23 déc.	22 déc.	22 déc.

Pluviôse correspondant à janvier.	AN II 1794.	AN III 1795.	AN IV 1796.	AN V 1797.	AN VI 1798.	AN VII 1799.	AN VIII 1800.	AN IX 1801.	AN X 1802.	AN XI 1803.	AN XII 1804.	AN XIII 1805.
Pluviôse 1er.	20 janv.	20 janv.	21 janv.	20 janv.	20 janv.	20 janv.	21 janv.	21 janv.	21 janv.	21 janv.	21 janv.	21 janv.
Ventôse 1er.	19 fév.	19 fév.	20 fév.	19 fév.	19 fév.	19 fév.	20 fév.	20 fév.	20 fév.	20 fév.	21 fév.	20 fév.
Germinal 1er.	21 mars.	21 mars.	21 mars.	21 mars.	21 mars.	21 mars.	22 mars.	22 mars.	22 mars.	22 mars.	22 mars.	22 mars.
Floréal 1er.	20 avril.	20 avril.	20 avril.	20 avril.	20 avril.	20 avril.	21 avril.	21 avril.	21 avril.	21 avril.	21 avril.	21 avril.
Prairial 1er.	20 mai.	20 mai.	20 mai.	20 mai.	20 mai.	20 mai.	21 mai.	21 mai.	21 mai.	21 mai.	21 mai.	21 mai.
Messidor 1er.	19 juin.	19 juin.	19 juin.	19 juin.	19 juin.	19 juin.	20 juin.	20 juin.	20 juin.	20 juin.	20 juin.	20 juin.
Thermidor 1er.	19 juill.	19 juill.	19 juill.	19 juill.	19 juill.	19 juill.	20 juill.	20 juill.	20 juill.	20 juill.	21 juill.	20 juill.
Fructidor 1er.	18 août.	18 août.	18 août.	18 août.	18 août.	18 août.	19 août.	19 août.	19 août.	19 août.	19 août.	19 août.
Jour complémentaire 1er.	17 sept.	17 sept. (a-6).	17 sept.	17 sept.	17 sept.	17 sept. (a-6).	18 sept.	18 sept.	18 sept.	18 sept. (a-6).	18 sept.	18 sept.

(a-6) La période bissextile de quatre ans était appelée *franciade*, et le jour intercalaire qui venait après cette période prenait le nom de *jour de la Révolution*; il était placé après les cinq jours *complémentaires*, ce qui fait que le 6 indique ici 6e jour *complémentaire* ou année bissextile.

Paris.-Imp. PAUL DUPONT. (1806:10.8)

IMPRIMERIE ADMINISTRATIVE PAUL DUPONT

RUE J.-J. ROUSSEAU (HOTEL DES FERMES), 41

9 782014 025170